AF498339

LE
VOYAGE DE MAISTRE

IEAN DAVID, EXELENT PILOTE ANGLOIS DV CAP
de Lezart à Bantam reduit par luy en Tables par lesquelles on peut
veoir touttes les variations par luy remarquées durant
ledict Voyage, Traduict d'Anglois, en François

par IEAN LE TELIER, de Dieppe,

A DIEPPE.

De l'Imprimerie de NICOLAS ACHER, demeurant à la grand ruë deuant
la Fontaine du marché.

1631.

VERTVEVX ET HONO-
RABLE SIEVR THOMAS SMITH CHEVAL-
lier Gouuerneur de la Compaignie des Marchands de Londres
Trafic quants aux Indes de l'Eſt, & de la Compaignie de Moſ-
couie, comme auſſy des deſcouuertes du paſſage du Nordoueſt,
pour aller aux Indes & Threſorier pour la nouuelle
Habitation des Virgines.

Ertvevx & Honorable Sieur,
ayant eſté requis par quelques vns de mes amis leſquels
ie ne pouuois refuſer de reduire vn de mes Iournaux
en vne briefue Table, par laquelle ceux qui ont quel-
que cognoiſſance en la Nauigation peuſſent en tout
temps ſur bonne obſeruation eſtre reſolus & aſſeurés
en quelle place ils ſeroient deſirant vn general bien à
mon Pays & Patrie & conſiderant le benefice qui peut
redonder ou reuenir à tous Nauigateurs qui ne ſont point experimentez en
ceſte ſorte de theoricalle Nauigation dreſſee par la ſcience des nombres re-
ſolu de publier cela, & cognoiſſant voſtre Honorable ſoing charge & peine
laquelle vous aues continuellement employee en l'aduancement de la Naui-
gation pour deſcouurir places eſlongnées & incongnuës à la Gloire de Dieu
(par publier ſon Nom aux plus loingtaines places du Monde) l'honneur de
noſtre Roy & nation & benefice de ceſte Terre & bien public, & me reſou-
uenant ſemblablement de tant de faueurs leſquelles de temps en temps i'ay
reçeuës de voſtre honneur en mon particulier i'ay eſtimé mon deuoir eſtre
de faire veoir vne partie de mes humbles remercimens en preſentant vne
partie de ces petits fruicts de mes Voyages & obſeruations à voſtre digne
Grandeur à laquelle ils doiuent (auant tous autres) à partenir plus propre-
ment tant pour ce que vous eſtes appellé à pluſieurs Eminentes dignites en
ceſte Republicque que pour la faueur que vous aues continuellement euë à
la Nauigation, c'eſt pourquoy i'ay faict choix d'vn Voyage faict dedans le
Nauire apellé le Conſentement, depuis le Cap de lezart, iuſques a Bantam,
mis hors par voſtre Honneur & l'honnorable Compaignie des Marchands
des Indes de l'Eſt au mois d'Auril de l'An 1607. côme le plus propre pour ce
Subject lequel i'ay dreſſé auec auſſy grande diligence comme l'art & l'expe-
rience pouuoyent obſeruer à parfaire ce miſtere de Nauigation & ozes

hardimenr dire que iamais iufques aprefent n'y à eu aucun qui en ait mis de
s'y brief en lumiere. Et auec mes prieres Iournelles de continuer voftre Grã-
deur en fanté & accroiffement, en tout honneur & vray heur, tant en cefte
vie qu'en la vie à venir ie prends congé & refte.

De Voftre Grandeur feruiteur
à iamais Iean Dauid.

AV LECTEVR
de ce qui eft contenu en cefte Table.

Es Pilotes & Nauigateurs qui vondront en aucun temps faire
proffiĉt de ce Iournal reduiĉt en Table doiuent entendre ce
qui eft contenu dedans les neuf Colonnes qui y font.

En la premiere font marquées les Ans & les mois.

En la deuxiefme les iours du mois.

En la troixiefme les lieües que le Nauire à couru depuis vn midy iufque
à l'autre midy, fuiuant, ou fuiuants.

La quatriefme monftre le point du compas fur lequel la courfe à efté
dreffee, la variation & tous empefchements ieués.

La cinquiefme declare la Latitude à ce mefme inftant temps & midy

La fixiefme combien de degrez Majeurs 20. lieües au degré vous eftes en
longitude depuis le Cap de Lezart ou ie fais mon premier Meridien iufqu
ce que viennes au Cap de bonne Efperance, la ou ie recommences vn autre
Meridien pour aller vers Bantam.

La feptiefme marque s'y vous eftes vers l'Eft ou vers le Oueft des fufdiĉts
Meridiens.

La huitiefme enfeigne fur quel point du compas le vent à foufflé ou fouf-
floit fur chacun climat à fin que cela vous adreffe afaire bonnes, maneuures
auec voftre Nauire en vous conduifant felon la varieté diceux pour en rece-
uoir benefice.

La derniere efpaffe poinĉte hors la variation de l'Aguille Aymantee ou il
vous faut entendre qu'entre Lezart & le Cap de bonne Efperance la varia-
tion eft, du Nord à l'Eft, & depuis ce lieu iufques à Bantam eft du Nord, au
Oueft.

A Dieu.

Les Ans & les mois	Iours	lieües	Courſ.	Latitud. D.	Latitud. M.	Lógitud. D.	Lógitud. M.		Les vés	varia D.	tiós M.
Auril. 1607	13	34	SO	49	12	1	15	Oueſt	SE⅟₄S		
	14	16	SO⅟₄O	48	47	1	58	O	variab.		
	15	28	SSO	47	26	2	28	O	ENEe		
	16	54	SSO	44	52	3	28	O	NNO		
	17	35	S	43	9	3	28	O	V	8	50
	18	50	SSo	40	45	4	22	O	NNO		
	19	48	So	38	21	4	34	O	NNO		
	20	54	S⅟₄So	35	40	5	4	O	NNO	7	10
	21	38	S⅟₄SO	33	45	5	23	O	NNO	6	38
	22	40	S⅟₄SO	31	42	5	47	O	NNE	6	16
	23	39	S⅟₄SO	29	46	6	10	O	NNE	6	39
	24	24	SSO	28	43	6	50	O	NNE		
	28	49	SE⅟₄S	26	0	5	21	O	V		18
	29	44	SO⅟₄S	24	10	6	31	O	NNE	6	
May	30	65	SO⅟₄S	21	26	8	19	O	NE⅟₄N	4	47
	1	52	SO⅟₄S	19	24	9	10	O	NE	3	33
	2	56	SO⅟₄S	17	19	11	32	O	NE		
	3	42	S⅟₄Sos	15	34	11	50	O	NE		
	4	30	S	14	8	11	50	O	NE		
	5	42	SSE	12	2	11	2	O	ENE		
	6	32	SSE⅟₄E	10	33	10	15	O	NNE		
	7	19	SSE	9	36	9	54	O	NNE	3	10
	8	20	SSE	8	40	9	30	O	NNE	2	4
	9	24	SSE	7	30	9	4	O	NNO		
	10	17	SSE	6	30	8	44	O	NNO		
	11	19	SSE	5	50	8	26	O	NNO		
	12	15	SE⅟₄E	5	8	8	8	O	V		
	13	10	SE	4	46	7	56	O	SO	3	40
	14	11	SSE	4	10	7	41	O	V		
	15	19	SSE⅟₇S	3	28	7	14	O	calmes		
	16	7	SE	3	17	7	0	O	C		
	17	8	SO⅟₄o	3	1	7	21	O	C		
	18	17	SO⅟₄S	2	26	7	45	O	SSE	4	10
	19	22	SO	2	0	8	36	O	SE		
	20	12	SO	1	35	9	0	O	SE⅟₄S	4	16
	21	10	SO⅟₄o	1	9	9	13	O	SE⅟₄E		
	22	24	SSO	0	3	9	50	O	ESE	6	0
	23	28	SO⅟₄o	1	14	10	9	O	ESE	6	0
	24	19	SO	2	32	10	15	O	E	7	12

Latitude Nort
Latitude de Sud,

Ans & mois	Iours	lieües	courfes	latitud. D.	M.	lógitude D.	M.		Les vés	Varia. D.	M.
May	25	18	S	3	14	10	21	Oueſt	E	7	34
1607	26	23	S	4	27	10	0	O	E	7	25
	27	35	S¼SE	6	44	9	36	O	ENE		
	28	14	S	7	24	9	36	O	V		
	29	33	S¼SO	8	45	10	0	O	SE¼E		
	30	35	SSO	10	14	10	36	O	SE¼E		
	31	35	SSO	11	50	11	12	O	SE¼E		
Iuin	1	32	S¼SO	13	23	11	39	O	SE¼E		
	2	32	S¼SO	14	55	15	6	O	SE¼E	12	0
	3	32	S¼SO	16	30	15	24	O	ESE	12	15
	4	36	S	18	18	15	24	O	ESE	13	30
	5	24	S	19	30	15	24	O	ESE	14	15
	6	12	SSO	20	3	15	33	O	ESE	14	51
	7	13	E-SE	20	11	14	57	O	ESE	14	27
	9	8	SSO	20	33	15	3	O	V. C	15	5
	10	11	S	21	6	15	3	O	E	15	12
	11	19	SSE	22	0	14	27	O	E¼NE		
	12	29	SE¼S	23	13	13	44	O	ENE	15	22
	13	34	SE	24	25	12	32	O	N	15	41
	14	28	ESE	24	58	11	13	O	S	16	19
	15	15	ESE	25	11	10	32	O	SSO	16	20
	16	14	E¼SE	25	15	9	52	O	V		
	17	15	S	26	0	9	52	O	V		
	18	12	SSE	26	33	9	39	O	ENE		
	19	39	ESE	27	18	7	45	O	NNO	16	39
	20	50	ESE	28	14	5	24	O	NNO		
	21	40	ESE	29	0	3	33	O	NNO		
	22	40	ESE	29	46	1	42	O	NO		
	23	50	ESE	30	44	0	9	Eſt	N.		
	24	50	ESE	31	40	2	30	E	NO		
	25	54	ESE	32	44	4	57	E	NO		
	26	52	ESE	33	44	7	21	E	NO		
	27	14	E	33	44	8	5	E	NO		
	28	9	E	33	44	8	32	E	NO	13	20
	29	11	E	33	44	9	5	E	OSO	13	0
	30	40	E	33	44	11	5	E	NO	12	34
Iuillet	1	50	E	33	48	13	35	E	NO		
	2	50	E	33	50	16	5	E	NO		
	3	26	E	34	0	17	53	E	N-NO		
	4	50	E	34	0	20	23	E	ONO		

Longitude Oueſt de Lezart

Longitude, eſt du Meridiē du Cap de Lezart

TABLE OV ABREGE' D'VN VOYAGE FAICT AVX INDES ORIENTALLES

ans & mois	Iours	lieües	courses	latitud. D.	M.	longitude D.	M.		Les vés	Varia tiõs D.	M.	
Iuillet	5	44	E	34	0	22	35	Eft	ONO	4	50	
1607	12	29	E	34	0	24	7	E	C			
	13	40	E	34	0	26	7	E	OSO	1	40	
	14	14	E ¼ SE	34	0	26	38	E	NE	1	25	
	15	14	NE	34	0	27	7	E	SO	1	20	
	16	20	E	34	0	28	7	E	SO	0	40	Ce iour à midy on vit la terre de la Baye de la table pret du Cap de bonne Efperãce ou l'on fe Iourna iufques au dernier de Iuillet.
						Meri	diē du	cap de böne	Efperãce			
Aoust	1	36	SE ¼ E	35	30	1	30	E	SSO			
	2	17	ENE	35	8	2	18	E	SES			
	4	16	E	35	8	3	6	E	ONO			
	5	37	E ½ NE	34	46	4	58	E	ONO	3	33	
	6	17	E	34	46	5	48	E	V			
	8	36	E	34	53	8	38	E	NNO	4	9	
	9	16	NE ¼ E	34	27	9	17	E	NNO	6	0	
	10	24	E ¼ NE	34	12	10	24	E	NNO	5	43	
	12	33	NE	33	0	11	36	E	SO			
	13	42	b NE	32	20	13	33	E	SO			
	15	24	E ¼ SE	32	48	14	52	E	NNE	8	20	
	22	155	NE	27	42	20	18	E	SSE	9	35	
	24	46	NNE	25	44	21	24	E	SE ¼ E	15	10	
	25	15	NE	24	50	22	6	E	SE ⅓ S	15	10	
	26	27	NE ¼ E	24	5	23	13	E	SE ⅓ S	15	40	veuë de Lille de S. Laurens ou lon fe iourna iufques au 15. de Septembre.
septèb.	16	00		27	43	23	18	E	SO			
	17	26	E ⅓ SE	27	54	24	33	E	SO			
	18	21	E ⅓ SE	28	0	25	36	E	SO	17	10	
	22	27	SE ⅓ S	29	20	26	12	E	ENE	18	4	
	23	23	ƧE ¼ S	30	17	26	48	E	ENE	18	13	
	25	46	E ¼ SE	30	50	29	3	E	ONO	19	10	
	26	42	E	31	0	31	9	E	OSO	21	0	
	27	48	E	31	0	33	33	E	OSO	22	30	
	28	27	E	31	0	34	54	E	NO	22	50	
	29	35	E	30	50	36	39	E	N	23	30	
	30	44	E	30	50	38	51	E	NNO			
Octob.	1	22	E	30	50	39	57	E	NO	25	22	
	2	20	E	30	50	40	57	E	OSO	26	0	
	3	14	ENE	30	34	41	36	E	OSO	25	30	
	4	21	ENE	30	10	42	36	E	SSO	24	50	
	5	46	ENE	29	33	44	51	E	SO			
	8	85	NE	26	53	48	30	E	S	22	0	
	9	23	ENE	26	26	49	35	E	SE ¼ S	21	48	
	10	22	NE	25	42	50	15	E	SE	21	50	

ans & mois	iours	lieües	Courſes	latitudes D.	latitudes M.	Lógitud. D.	Lógitud. M.		Les vés	variatiós D.	variatiós M.
1607	11	30	NE	24	37	51	15	Eſt	SF¼F	21	0
Octob.	12	22	NE¼N	23	43	51	50	E	FSF	20	40
	13	22	NNE	22	43	52	12	F	SSF		
	15	36	NE¼N	21	13	53	12	F	SF¼F		
	16	20	NE¼N	20	25	53	48	F	SF¼F		
	17	27	NE	19	27	54	50	F	SF	17	40
	18	28	NE	18	27	55	50	F	SF		
	19	25	NNE	17	24	56	23	F	FSF		
	20	26	NE¼N	16	18	57	5	F	SF	16	20
	21	33	NE¼E	15	25	58	35	F	SSF	15	20
	22	22	ENE	15	0	59	38	F	SSO	14	35
	23	36	ENE	14	23	61	23	F	S	14	0
	24	30	NE¼E	13	33	62	38	F	SF	13	0
	25	30	NE	12	37	63	40	F	SF		
	26	28	NE¼N	11	27	64	25	F	SF	11	40
	27	26	NE	10	32	65	20	F	SF	11	0
	28	22	NE	9	45	66	7	F	SF		
	29	19	NE¼N	9	0	66	38	F	SF		
	30	18	NE¼N	8	30	67	23	F	SF	9	50
	31	10	E	8	30	67	53	F	S		
Nouéb.	1	0		8	30	67	53	F	C	9	47
	2	14	NE	8	0	68	23	F	S	9	16
	4	25	NNE	6	54	68	50	F	S	8	40
	5	21	E¼NE	6	42	69	51	F	S	8	0
	6	20	E¼NE	6	24	70	45	F	S	7	33
	7	15	E	6	26	71	30	F	S	6	40
	8	40	E	6	24	73	30	F	ONO		
	10	50	E	6	3	76	0	F	NO		
	12	59	E¼SE	5	30	79	8	F	ONO	4	13
	14	52	ESE	6	29	81	27	F	ONO		

Veüe de la Terre de Sumatra au deſtroit de Suada.

FIN.

Fautes à corriger en lœuure entier
En la preface.

page 2. ligne 42. pour varie lifés vatioit page 6. ligne 22. pour mai lifes
mais page 10. ligne 24. pour labbaye lifes la Baye.
Aux annotations des des Tables.

Page marquee 7. lingne 9. pour ont trouué la terre lifes ont penfé veoir la
t erre, ligne 24. pour mefure lifes mefme
ligne 32. 33. pour 32. degrez variation Nordeft lifes 33. degrez de variation
Nordoeft ligne 38. pour V. Nordeft lifes variation Nordeft ligne 40. pour
1200. lifes 2000.
    Page 9. ligne 3. pour laureage lifes lancreage ligne 4. adjouftes le Ieudy
21. iour de May ligne 10. lifes de Mozambigue pour de la Mozambique
ligne 12. pour entrafmes lifes ancreafmes ligne 20. pour de leuant lifes de
lauant
    Page 11. ligne 14. pour voyent des bourbes lifes fe voyent des boubbes
    Page 15. lignes 13. & 14. pour Inferees lifes iugeres eftre
    Page 19. ligne 5. pour differentee lifes difference en
Au Traicté la variation
    Page 3. ligne 14. pour 6. degrez 3. minutes lifes 6. degrez 30. minutes
    Page 8. ligne 8. pour pegres lifes degrez

En linftruction de la Table des Amplitudes,
ligne 16. pour euochera lifes couchera.